स्नेहिल भाव-पुंज

जसवन्त सिंह प्रकाश

क्रम-सूची

मन की बात   vii

पुस्तक विवरण   ix

1. तुम्हारे नेह में हर क्षण   1

2. हमारी मुहब्बत को इतना कम आंकती क्यों हो   2

3. हम भी अपनी मुहब्बत में कोई गज़ल जरुर लिखेंगे   3

4. जब से दिल, तेरी नजर का निशाना हो गया   4

5. उतरे हो जब दरिया में   5

6. जब दर्द उठा सीने में   6

7. खुद अपनी ही जिंदगी को   7

8. अनुपम उपहार दिया रब ने छप्पर फाड़ के   8

9. उदासी के सागर में डूबोगे तो सहार देंगे तुम्हें   9

10. जब-जब हम तुम्हरा स्मरण करते हैं   10

11. सुकून-ए-दिल के लिए और हर ख़ुशी के लिए   11

12. मुहब्बत   12

13. मन मेरा बीमार है अंदर   13

14. जब ख़्वाब अधिक आयें   14

15. कनक की भाँति खरा नहीं हूँ   15

16. जब कभी भी मैं तन्हा होता हूँ   17

17. वो स्वच्छ उत्तम तन सुगंधों का साया है   18

18. अपने तन को सदैव पवित्र रखता हूँ   19

19. जब-जब हम तुम्हारा स्मरण करते हैं   20

20. हमारी बाहों में आकर   21

21. उतरे हो जब दरिया में   22

22. जहां में मैं ऐसा कोई भी मस-अला न फैले   23

23. सुकूने दिल के लिए और हर ख़ुशी के लिए   24

24. अनुपम उपहार दिया रब ने, छप्पर फाड़ के   25

क्रम-सूची

25. तमन्नाओं के सभी चराग़ बुझा दिए मैंने — 26

26. हम भी अपनी मुहब्बत में कोई ग़ज़ल ज़रूर लिखेंगे — 27

27. मैं जब पलटकर देखता हूँ — 28

28. उदासी के सागर में डूबोगे तो — 29

29. कभी संवारती है वो — 30

30. दिलों से निकाल कर सारे परिवाद रख देना — 31

31. आज फिर तुम सजी हो — 32

32. यह भूल है कोई विधाता की — 33

33. क्या मेरा महत्व नहीं — 36

34. हमारी शान है — 38

35. हिंदुस्तान का शिवनेरी — 39

36. मेरे चिर अवरुद्ध जीवन की — 42

37. ओ शांति पुञ्ज-ओ मधुर कुञ्ज — 43

38. तुम्हारे नेह देवालय में नित आता हूं — 46

39. तनहाई में भी मुझे याद करना — 47

40. अन्तर्मन है मेरा व्यथित प्रिये — 48

41. अब ज़माने से कोई शिकायत नहीं — 49

42. जिसे लोग बड़ा दिन कहते हैं — 50

43. कभी खामोशी, कभी उल्लास कभी उदासी नजर आयी — 51

44. बेटी विवाह गीत — 52

45. नव- वर्ष गीत — 53

46. हिन्दी दिवस विशेष -हिन्दी गीत — 55

47. अन्तर्राष्ट्रीय महिला दिवस विशेष (गीत) — 57

48. सावन गीत — 58

49. राष्ट्रवादी गीत — 60

50. ग्रीष्म ऋतु का गीत — 61

क्रम-सूची

51. अध्यापक दिवस (शिक्षक दिवस) गीत 63

52. विरह गीत 64

53. वर्षा -गीत 65

54. मधुयामिनी-प्रणय गीत 66

55. अभिलाषा गीत 68

56. हिंदी गीत 70

57. घनाक्षरी 71

मुक्तक

58. अध्याय 58 75

59. राष्ट्रवादी मुक्तक 89

60. दोहे 90

मन की बात

कविता, कवि की भावात्मक कल्पनाओं का दर्पण होती है । अपनी अनुभूति-पूर्ण रचनाओं के माध्यम से कवि, अपनी सोच एवं विचारों के आधार पर एक ऐसा धरातल बनाता है ; जो साहित्य-प्रेमियों को आनंद व अपनत्व की अनुभूति कराता है। वास्तव में वही श्रेष्ठ काव्य है, जो पाठकों या श्रोताओं को उनके अपने ही हृदय का संगीत प्रतीत हो । काव्य की दृष्टि से वैसे तो कुछ भी अछूता नहीं रहा, किन्तु चराचर जगत की प्रत्येक वस्तु या भाव को देखने, अनुभव करने या शब्दों में ढालकर उसे छन्दों में बांधने का हर किसी का दृष्टिकोण भिन्न होता है। काव्य-सृजन की शक्ति ईश्वर-प्रदत्त अनमोल उपहार है । जिस पर माँ वीणापाणि की असीम अनुकंपा होती है, यह उपहार सिर्फ उन्हीं को प्राप्त होता है । माता-पिता के स्नेहिल आशीर्वाद, ज्ञानदायिनी माँ शारदे की कृपा, काव्य-सृजन हेतु भावों को जागृति प्रदान करने वाली प्रेरणा और पत्नी व परिवार द्वारा प्रदत्त हस्तक्षेप-रहित परिवेश के कारण ; मुझ अकिंचन की अपरिपक्व लेखनी द्वारा रचित यह काव्य-कृति भावपूर्ण, सरस एवं मार्मिक अनुभवों से युक्त है । इसमें मैंने अपने अंतस में उठने वाली भाव-लहरों से प्रस्फुटित उदगारों को शब्द-रूपांतरित कर छंदों में बांधने का प्रयास किया है । कवियों के विशाल परिवार का मैं, एक अदना व अल्पज्ञ सदस्य मात्र हूँ।' स्नेहिल भाव-पुंज'को पढ़कर जो आपकी प्रतिक्रियाएं होंगी, वे मेरी काव्यात्मक यात्रा की उन्नति या अवनति का द्योतक सिद्ध होंगी । आशा है, भावनाओं के प्रबल वेगों से परिचित पाठकों को यह काव्य-संग्रह, अपने ही भावों की अभिव्यक्ति व अनुभूति प्रतीत होगा ।

मेरे द्वारा रचित इन काव्य-पंक्तियों में कहीं आनंद है तो कहीं आंसू , कहीं आक्रोश है तो कहीं व्यंग्य , कहीं आशा है तो कहीं निराशा, कहीं इतिहास है तो कहीं वर्तमान भी ।

स्नेहिल भावों को शब्द-स्वरूप प्रदान करने में किये गए परिश्रम पर ये विश्वास किया जा सकता है कि यह काव्य-संकलन, रुचिपूर्वक पढ़ा जायेगा और पाठकों के मनः पटल पर अपनी अमिट छाप छोड़ने में सफल होगा।

किसी भी पुस्तक की सफलता या असफलता का आधार, पाठकों की प्रतिक्रियाएं ही होती हैं। अतः आप सुधी पाठकों की प्रसंशनीय अथवा आलोचनात्मक प्रतिक्रियाएं ही भविष्य में एक और काव्य-संकलन हेतु प्रेरणा दायक सिद्ध होंगी ।

सधन्यवाद ।

जसवन्त सिंह 'प्रकाश'
सहायक प्राध्यापक (हिन्दी)
नॉर्थ इंडिया कॉलेज़ ऑफ़ हायर एजुकेशन, नजीबाबाद (बिजनौर), उ.प्र.
एवं
समनुदेशिती -- युववाणी, कृषि जगत,महिला जगत (वर्तमान)
आकाशवाणी नजीबाबाद (बिजनौर)
उ.प्र. - 246764, मो.न.- 8384830013 , 9758589772

पुस्तक विवरण

इस काव्य संग्रह में मैंने अपनी अनुभूतियों को जीवन के विविध रंगों से सुसज्जित करके पाठकों के समक्ष शब्द रूप देकर छंदबद्ध किया है ! इसमें गज़ल, कविता, गीत, दोहे तथा मुक्तक के रूप में विविध पुष्पों का समावेश है, जिनमें कहीं तो प्रेम की पराकाष्ठा है, तो कहीं विरह की वेदना, कहीं राष्ट्रवादी चेतना का स्वर है, तो कहीं स्त्रियों के सशक्तिकरण के समर्थन का जय घोष!
इन तमाम पुष्पों की माला मात्र है मेरा काव्य संग्रह- स्नेहिल भावपुंज!

आशा है यह 'स्नेहिल भावपुंज' पाठकों के हृदय के अंतर्मन को अवश्य छुएगा!

1. तुम्हारे नेह में हर क्षण

तुम्हारे नेह में हर क्षण , बहुत आसक्त हूं मैं अब।
बनके संवाद हृदय का , सुनो अभिव्यक्त हूं मैं अब।।

चले हैं प्रीत के पथ पर तो फिर परिवारवाद क्या इसमें ,
मैं चिर वंचित रहा लेकिन, रति का वक्त हूँ मैं अब।।

बहुत भयभीत रहता था , प्रीत-परिणाम से अब तक ,
तुम्हारा साथ जो पाया , तो बड़ा सशक्त हूँ मैं अब।।

तेरा मिलना ही सब-कुछ है , तुझे पाकर मैं हर्षित हूँ ,
तनिक चिन्ता नहीं चाहे , जग से परित्यक्त हूं मैं अब ।।

तेरे और मेरे संगम से , ये समन्वय हो गया ऐसे ,
तू प्राण वायु है मेरी , और तेरा वक्त हूं मैं अब।

2. हमारी मुहब्बत को इतना कम आंकती क्यों हो

हमारी मुहब्बत को इतना कम आंकती क्यों हो !
इतना पछताती हो तो फिर हमें डांटती क्यों हो !!

तुम्हें तो हक़ है हमसे रूठने का,हमें सताने का...
फिर ऐसा करके हमसे मुआफ़ी मांगती क्यों हो !!

हमारी शरारतों से अगर कोई नाराज़गी है तुम्हे...
तो ख़ुद ही सीमाएं मुहब्बत की लांघती क्यों हो !!

मेरे दिल मे तेरे सिवाय और कुछ भी तो नहीं है...
जो देखा नहीं जाता तो दिल मे झांकती क्यों हो !!

हमारे बाद, याद करके ख़ुद पे ही शर्म आती है...
तो इठला के इतना मस्त भला नाचती क्यों हो !!

सारा शहर तेरी ख़ुशबू से दीवाना हुआ रहता है...
छत पे लहराने को दुपट्टा अपना टांगती क्यों हो !!

3. हम भी अपनी मुहब्बत में कोई गज़ल जरुर लिखेंगें

हम भी अपनी मुहब्बत में कोई गज़ल जरुर लिखेंगें।
उसमें महबूब की कुर्बानी, और अपने कसूर लिखेंगे।

हम जिनसे देखते हैं फ़ानी दुनिया की ये खूबसूरती ,
इन निगाहों में सनम की आँखों का सरूर लिखेंगे।।

हम किसी राह के पत्थर की मानिंद हैं तो क्या हुआ ,
अपनी सुकोमल प्रियतमा को हम कोहिनूर लिखेंगे।।

दुनियां में भले ही भयानक वबा का खौफ पसरा है ,
इस नाजुक दौर में भी हम मुहब्बत भरपूर लिखेंगे।।

जिसकी दीप्ती से चमत्कृत हो गई है दुनिया मेरी,
उसको देवलोक का रजतमयी शीतल नूर लिखेंगे।।

हूर को शायरों और कवियों ने कर दिया फीका ,
तो भला क्यों प्रकाश अपनी प्रियतमा को हूर लिखेंगे।।

4. जब से दिल, तेरी नजर का निशाना हो गया

जब से दिल, तेरी नजर का निशाना हो गया ।
बड़ा ही दिलकश, जिन्दगी का तराना हो गया ।।

जिसने देखा फकत खाक हो समझा मुझे ,
तुमने जो अपनाया, तो मैं भी खजाना हो गया ।।

अब तो आ , उदास आँखों को तसल्ली दे दे ,
हमसे दूर जाए तुमको एक जमाना हो गया ।।

तू है तो दुनिया-ए-गुलशन में नयापन है ,
तेरे बगैर दिल-ए-गुलशन भी पुराना हो गया ।।

अब जो आओगे तो जाने ही नहीं देंगे तुम्हे ,
मेरे आगोश में रहना, बहुत आना-जाना हो गया ।।

मैं और तुम जब से हम हो गये हमसफर ,
मुकम्मल हमारी मुहब्बत का फसाना हो गया ।।

जब से दिल, तेरी नजर का निशाना हो गया ।
बड़ा ही दिलकश, जिन्दगी का तराना हो गया ।।

5. उतरे हो जब दरिया में

उतरे हो जब दरिया में,
क्या डरना फिर सैलाबों से।

पंख हौसलों के लेकर,
अब टकराना है महताबों से ।।

जो भी सीखा है अब तक,
जीने के लिए पर्याप्त नहीं।

तालीम उम्र भरी लेनी है,
कुछ और नई किताबों से ।।

पंख हौसलों के लेकर
अब टकराना है महताबों से।।

हैं जितने सुख-दुःख जीवन में,
उन्हें भोगकर जाना है।

हों परेशानियाँ कितनी भी,
तुम रखो ठाठ नवाबों से।

पंख हौसलों के लेकर,
अब टकराना है महताबों से।।

6. जब दर्द उठा सीने में

जब दर्द उठा सीने में
लुत्फ आ गया जीने में
क्या है भय , मालूम न था,
माशूक ने जब पूछा
मुहब्बत करते हो?
तर हो गए पसीने में।
लुत्फ आ गया जीने में ।।
बरसात आयेगी, प्रबल आशा थी,
मगर बूंद भी न गिरी ,
नयनो से बस नीर बहा!
सावन के महीने में।
लुत्फ आ गया जीने में।।
प्यासे की प्यास, तृप्त कर दे
जरा बिलखते बालक को
हंसी दे दो,
फिर जाने की अभिलाषा व्यर्थ
काशी और मदीने में।
लुत्फ आ गया जीने में।।
जब दर्द उठा सीने में,
लुत्फ आ गया जीने में।।

7. खुद अपनी ही जिंदगी को

खुद अपनी ही जिंदगी को, यूं ही बेकार कर लिया।
उठाया खुद हथियार और खुद ही पे वार कर लिया।

खुशियां कई मर्तबा आकर, मेरी दहलीज से लौटी है,
ठुकरा के फिर खुशी, गम को ही अपना यार कर लिया।

जब वक्त-और-जोश दोनों थे, तो मेहनत न कर सका
फिर मजबूरी में असफलता को स्वीकार कर लिया।

ऐ न्यायधीश मुझसे एक अपराध और भी हो गया,
एक तो मैं आदमी गरीब था और फिर प्यार कर लिया।

साहिल पे आके कश्ती मेरी जब-जब भी डगमगाई,
हौसलों की डोर खींच हाथों को पतवार कर लिया।

जब भी बहुत मीठा बनके कोई मेरे पास आया है,
एक और धोखे के लिए खुद को तैयार कर लिया ।

तुझे देखने की तलब ने जब बहुत बेचैन किया मुझे,
दिल पे रख के हाथ बंद आंखों से दीदार कर लिया।

एक संक्रामक बीमारी ही है ये मुहब्बत भी प्रकाश,
इलाज औरों का करके खुद को ही बीमार कर लिया।।

खुद अपनी ही जिंदगी को, यूं ही बेकार कर लिया।

8. अनुपम उपहार दिया रब ने छप्पर फाड़ के

अनुपम उपहार दिया रब ने छप्पर फाड़ के।
जो ले आया समीप मुझे स्वर्गीक किवाड़ के।।

अस्त्र और शस्त्र बनाने की एक होड़ सी लगी है,
मियाँ अंजाम अच्छे नहीं होते किसी भी राड़ के।।

कुछ लोगों ने नफरतों की फसलें लगा रखी है।
आओ हम फेंक दें ये नफरतें जड़ से उखाड़ के।।

मेरे मादरे वतन से सोना, हीरे, मोती निकलते हैं।
मेरे बुजुर्गों ने छोड़ी है ये दौलत जमीं में गाड़ के।।

मुश्किलों से जीतने का मजा ही कुछ गजब है,
कछुआ खुश बहुत होता है खरहे को पछाड़ के।।

पोते की जिद को देख कहा दादा ने अपने बेटे से,
क्यों बेटा! अब जाके आया है ऊँट नीचे पहाड़ के।।

ये चाँद भी भटक जाए मुकम्मल रास्ता अपना,
अगर जो छत पर सो जाओ तुम चेहरा उघाड़ के।।

पहले घण्टो गुफ्तगू अब चन्द मिनट भी नहीं,
हरजाई!! क्या मिला तुझको मेरी आदत बिगाड़ के।।

ये मुहब्बत इतनी भी आसान होती नहीं प्रकाश,
अपना घर बसाना पड़ता है एक दुनिया उजाड़ के।।

9. उदासी के सागर में डूबोगे तो सहार देंगें तुम्हें

उदासी के सागर में डूबोगे तो सहार देंगें तुम्हें।
गमों से जब-जब भी टुटोगे तो सुधार देंगें तुम्हें ।।

जहां में हमारे बिन तुम्हें कुछ भी भायेगा नहीं,
खुदा कसम मेरे सनम, हम इतना प्यार देंगें तुम्हें।।

हमारे बाद भी जो इस मुहब्बत की निशानी होगी,
रब ने चाहा तो एक हसीं उपहार देंगे तुम्हे

कब तक करोगी कोशिशे हमे सुधारने की यूँ
ये बदतमीजियां तो हम हर बार देंगे तुम्हे

कुछ और तो नही मेरे गरीब दामन में मगर
अपना खून ए जिगर देकर भी संवार देंगे तुम्हे

दुखी जीवन तो जी लिया बहुत मगर प्रकाश अब
ये इरादा है कि खुशियाँ भरमार देंगे तुम्हे

उदासी के सागर मैं डूबोगे तो सहार देंगे तुम्हे
गमो से जब जब भी टूटोगे तो सुधर देंगे तुम्हे

10. जब-जब हम तुम्हरा स्मरण करते हैं

जब-जब हम तुम्हरा स्मरण करते हैं।
चिरानंद के बेला में विचरण करते हैं।

तुमसे सुनकर जिक्र किसी और का,
मत पूछो कि कैसे नियन्त्रण करते हैं।।

वो हमसे रुठकर घड़ी भर के लिए,
यूं अपने प्यार का परीक्षण करते हैं।।

मां-बाप की तरह जैसे नवजात का,
हमेशा वो ऐसे मेरा संरक्षण करते हैं।।

उसी का ख्याल रहता हे रात-दिन ज़हन में,
वो भी तो याद मुझे प्रतिक्षण करते हैं।।

11. सुकून-ए-दिल के लिए और हर ख़ुशी के लिए

सुकून-ए-दिल के लिए और हर ख़ुशी के लिए
तुम्हारा ही साथ ज़रुरी है इस ज़िन्दगी के लिए

बिछड़ के अपनों से रोते नहीं है लोग इतना,
वो जितना फूट के रोया था अजनबी के लिए।।

ज़रा सी देर को हमसे बिछड़ के ऐसा लगा,
के जैसे बिछड़े हों हम एक सदी के लिए।।

तेरे बगैर तो बे-नूर ही लगीं है ये महफिलें,
वैसे चराग तो बहुत जलाये रौशनी के लिए।।

किसी किसी को ही मिलता है ये अज़ीमतोहफा,
नसीब कहां होता है सच्चा इश्क सभी के लिए।।

जग की परवाह छोड़कर फक़त इश्क करे,
ये तो मुनासिब नहीं है एक आदमी के लिए।।

12. मुहब्बत

मुहब्बत करके फिर इससे किनारा हो नहीं सकता।
खुदा की कसम! बिना तेरे गुजारा हो नहीं सकता।।

नीयत में है अगर फरेब तो मुनाफा नहीं मुमकिन।
यकीनन दिल के बाज़ार में ख़सारा हो नहीं सकता।।

जब जरुरत होगी तुम्हारी करेगा मिन्नतें तमाम।
मतलब परस्त इंसान कभी तुम्हारा हो नहीं सकता।।

13. मन मेरा बीमार है अंदर

मन मेरा बीमार है अंदर।
पीड़ा अपरम्पार है अन्दर।।

इतना सबकुछ सहकर भी,
सपनों का संसार है अन्दर।।
रह कर दूर माँ-बाप से अपने,
पुत्र बड़ा लाचार है अन्दर।।
प्रेम जताये गले से मिलकर,
ईर्ष्या-द्वेष भरमार है अन्दर।।
क्रोधित औरों की गलती पर,
त्रुटियों का अम्बार है अन्दर।।

यथा-स्थिति निरख-राष्ट्र की,
चिन्तन बारम्बार है अन्दर।।
वंचित माँ के बने भोजन से,
चूहों की रफ़्तार है अन्दर।।

बढ़ा लिया अनुराग काव्य से,
पति गुनाहगार है अन्दर।।
पाकर प्रकाश आशीषो का,
एक अदभुत सत्कार है अन्दर।।

14. जब ख़्वाब अधिक आयें

जब ख़्वाब अधिक आयें, और नींद भी कम आये।
मुमकिन है कि ऐसे में, वही प्यार न हो जाए।।

तन्हाई में जब कोई, खुद ही से करे बातें,
पागल है या फिर वो, दीवाना ही कहलाये।।

कुछ ऐसे दीवाने हैं, दिन-रात दुआ मांगें,
उसके ही लिए जिसने, उन पर हैं सितम ढाए।

ये ऐसी पीड़ा है, हर कोई सहे हंसकर,
हर पल बेचैनी हे, दिन-रात ये तड़पाये।।

किस्मत ने दिये मौके , हाले-दिल कहने के ,
चुप रहना भी मुश्किल , कुछ कह भी नहीं पाये।।

दुनिया में मुहब्बत पर, हर मोड़ पे पहरे हैं
फिर करने मुहब्बत हम, प्रकाश कहा जाएं!!

15. कनक की भाँति खरा नहीं हूँ

कनक की भाँति खरा नहीं हूँ
तपिश से लेकिन डरा नहीं हूं

बिना कहे भी न रह सकूंगा
ये बोझ गम का न सह सकूंगा

मनुष्य हूं मैं धरा नहीं हूं
तपिश से लेकिन डरा नहीं हूं

बैरी ने मेरे यूं हार चख ली
मेरे ही सर ने मेरी लाज रख ली

मैं मिट गया हूं गिरा नहीं हूं
तपिश से लेकिन डरा नहीं हूं

स्वयं को भी मैं समझ न पाया
सोचा तो बस ये ख्याल आया

मैं रिपुओं का भी बुरा नहीं हूं
तपिश से लेकिन डरा नहीं हूं

मैं गीत बनकर लबों पे आऊं
एहसास तुमको यही दिलाऊं

मैं जी रहा हूं मरा नहीं हूं
तपिश से भी मैं डरा नहीं हूं
कनक की भांति खरा नहीं हूं

तपिश से भी मैं डरा नहीं हूं

16. जब कभी भी मैं तन्हा होता हूँ

जब कभी भी मैं तन्हा होता हूँ
मैं ना जाने फिर कहां होता हूँ

याद करके जवानी के किस्से
इस उम्र में भी जवां होता हूँ

दर्द चला आता है वहां पर भी
मैं खुशी में भी जहाँ होता हूँ

एक शोला दहकता हे मेरे सीने में
जिसमें जलकर मैं धुंआ होता हूँ

जिन्दगी तू भी तो मेरी बन के दिखा
मैं तो हर रोज बस तेरा होता हूँ

जब कभी भी मैं तन्हा होता हूँ
मैं ना जाने फिर कहां होता हूँ!!

17. वो स्वच्छ उत्तम तन सुगंधों का साया है

वो स्वच्छ उत्तम तन सुगंधों का साया है।
अत्यधिक प्रिय है हमें मगर पराया है!!

अब तो निज-दृष्टि पर भी भरोसा न रहा!
दिल ने हर बार बस धोखा खाया है।।

सिहर उठता है मेरा तन अचानक यूंही
जब कभी भी उनका जिक्र आया है।

आ भी जाओ जीवन में अब दूर न रहो
तुम्हें ईश्वर ने बस मेरे लिए बनाया है

मुझे किसी के प्रेम पर विश्वास नहीं
प्रकाश सब ने ही मुझे सताया है।

18. अपने तन को सदैव पवित्र रखता हूँ

अपने तन को सदैव पवित्र रखता हूँ!
उपमा दे जगत कुछ ऐसा चरित्र रखता हूँ,

वियोग में भी जो ऊबने नहीं देते!
मैं कल्पना के सुन्दरम चित्र रखता हूँ,

दर्पण की भाँति जो सत्य-दर्शी हों!
इस दौर में भी ऐसे मित्र रखता हूँ,

सुगंधित रहेगा नाम प्रकाश का!
अपने शब्दों में वो इत्र रखता हूँ।।

19. जब-जब हम तुम्हारा स्मरण करते हैं

जब-जब हम तुम्हारा स्मरण करते हैं !
चिरानंद की बेला में विचरण करते हैं!

तुमसे सुनकर ज़िक्र किसी और का..,
मत पूछो हम कैसे नियंत्रण करते हैं !!

वो हमसे रूठकर घड़ी भर के लिए..,
यूं अपने प्यार का निरीक्षण करते हैं !!

मां बाप की तरह जैसे नवजात का..,
हमेशा वो ऐसे मेरा संरक्षण करते हैं !!

20. हमारी बाहों में आकर

हमारी बाहों में आकर, सनम मदहोश हो जाये !
कभी मैं चुप रहूं और वो, कभी खामोश हो जाये!

तुम्हारा प्यार ही हर दिन कमाता हूं , संजोता हूँ...
इश्क़ हो जाए दौलत तो मेरा दिल कोष हो जाये !!

सताते हैं अजब ढंग से ख़ता कुछ भी नहीं उनकी..
कभी जो हम सता दें तो, हमारा दोष हो जाये !!

अभी तक की इबादत से, हमने कुछ नहीं पाया..
जो तुम मिल जाओ जीवन का परितोष हो जाये !!

21. उतरे हो जब दरिया में

उतरे हो जब दरिया में , क्या डरना फिर सैलाबों से !
पंख हौसलों के लेकर , अब टकराना है महताबों से !!

जो भी सीखा है अब तक,जीने के लिए पर्याप्त नहीं..,
तालीम उम्र-भर लेनी है , कुछ और नई किताबों से !!

हैं जितने सुख-दुख जीवन में,उन्हें भोगकर जाना है..,
हों परेशानियां कितनी भी,तुम रखो ठाठ नवाबों से !!

22. जहां में मैं ऐसा कोई भी मस-अला न फैले

जहां में मैं ऐसा कोई भी मस-अला न फैले।
हमारे गुलशन में कोई बुरी हवा न फैले।

महकते हुए चमन में भी आग लगाने वाली,
ऐसी सियासत मेरे मुल्क में , खुदा न फैले ।

दुनिया जिससे खौफजदा है सूरत-ए-हालत में ,
आओ करें कोशिशें की यहां वो वबा ना फैले।।

23. सुकूने दिल के लिए और हर ख़ुशी के लिए

सुकूने दिल के लिए और हर ख़ुशी के लिए !
तुम्हारा ही साथ ज़रूरी है ज़िन्दग़ी के लिए !!

बिछड़ के अपनों से रोते नहीं हैं लोग इतना..,
वो जितना फूट के रोया था अजनबी के लिए !!

ज़रा सी देर को हम से बिछड़ के ऐसा लगा..,
कि जैसे बिछड़े हों हम एक-दो सदी के लिए !!

मेरे बग़ैर तो बेनूर ही लगीं ये सभी महफिलें ..,
वैसे चराग़ तो बहुत जलाए रोशनी के लिए !!

24. अनुपम उपहार दिया रब ने, छप्पर फाड़ के

अनुपम उपहार दिया रब ने, छप्पर फाड़ के।
जो ले आया समीप मुझे स्वर्गिक किवाड़ के।।

अस्त्र और शस्त्र बनाने की एक होड़ सी लगी है,
मियां..अंजाम अच्छे नहीं होते किसी भी राड़ के।।

कुछ लोगों ने नफरतों की फसलें लगा रखी हैं,
आओ हम फेंक दे ये नफरतें जड़ से उखाड़ के।।

मेरी मादरे वतन से सोना,हीरे,मोती निकलते हैं,
मेरे बुजुर्गों ने छोड़ी है ये दौलत ज़मीं में गाड़ के।।

मुश्किलों से जीतने का मज़ा ही कुछ ग़ज़ब है ,
कछुआ खुश बहुत होता है खरहे को पछाड़ के।।

पोते की ज़िद को देख कहा दादा ने अपने बेटे से,
क्यों बेटा !अब जाके आया है ऊँट नीचे पहाड़ के।।

ये चांद भी भटक जाए, मुकम्मल रास्ता अपना ,,
अगर जो छत पे सो जाओ तुम चेहरा उघाड़ के ।

25. तमन्नाओं के सभी चराग़ बुझा दिए मैंने

तमन्नाओं के सभी चराग़ बुझा दिए मैंने ।
आंखों से ख़्वाबों के परदे हटा दिए मैंने ।।

नाकामियों के साथ मेरी कशमकश रही ,,
कितनों को बुलंदी के रास्ते बता दिए मैंने ।।

उसी ने की ख़ता और नाराज़ भी वही ,,
फिर माफ़ी मांग के शिक़वे मिटा दिए मैंने।।

कुत्ता,गाय,बंदर को उड़ाने के चक्कर में,,
कई बार परिंदे उंगली से उड़ा दिए मैंने ।।

कल मैं तुमको कार से घुमा के लाऊंगा,,
झूठी तसल्ली देकर बच्चे सुला दिए मैंने।।

ऐ ख़ुदा मेरी इबादत भी क़ुबूल कर लेना,,
आज कुछ रोते हुए बच्चे हंसा दिए मैंने ।।

तंगहाली में मेले से जो खरीदवा ना पाया,,
उन खिलौनों में कई ऐब बता दिए मैंने ।।

मेरे महबूब आयेंगे बस! यही सोचकर,,
घर के दरो दीवार फूलों से सजा दिये मैंने।।

दुनिया मे भला कौन सुखी है प्रकाश ,,
बस ये सोचकर सारे ग़म भुला दिए मैंने ।।

26. हम भी अपनी मुहब्बत में कोई ग़ज़ल ज़रूर लिखेंगे

हम भी अपनी मुहब्बत में कोई ग़ज़ल ज़रूर लिखेंगे !!
उसमें महबूब की कुर्बानी, और अपने कसूर लिखेंगे !!

हम जिससे देखते हैं फ़ानी दुनिया की खूबसूरती..,
इन निगाहों में सनम की आंखों का सरूर लिखेंगे !!

हम किसी राह के पत्थर की मानिंद हैं तो क्या हुआ..,
अपनी सुकोमल प्रियतमा को हम कोहिनूर लिखेंगे !!

दुनियां में भले ही भयानक वबा का ख़ौफ़ पसरा है..,
इस नाज़ुक दौर में भी हम मुहब्बत भरपूर लिखेंगे !!

जिसकी दीप्ति से चमत्कृत हो गयी है दुनिया मेरी...,
उसको देवलोक का रजतमयी शीतल नूर लिखेंगे ..!!

'हूर' को शायरों और कवियों नें कर दिया फीका...,
तो भला क्यों 'प्रकाश' अपने सनम को हूर लिखेंगे !!

27. मैं जब पलटकर देखता हूँ

मैं जब पलटकर देखता हूँ,
ज़िंदगी के पृष्ठ पिछले,
असफलता से भरी पड़ी है,
अस्त-व्यस्त सी किताब मेरी।

मैं कर्म अपने निभा रहा हूँ,
मगर परिणाम सुखद नहीं हैं,
हर बार मुझको यही लगे कि,
है जैसे किस्मत ख़राब मेरी ।

धकेलते हैं मुझे अभी भी,
काल के ये तीव्र झोंके,
अटल मैं कैसे रहूं बता दो,
विवशता जानो तो आप मेरी।

स्वास-डोर से बंधा हुआ मैं,
निरुद्देश्य ही भटक रहा हूँ
बता दो कोई बेचैनियां ये,
क्यों बढ़ गयीं बेहिसाब मेरी

28. उदासी के सागर में   डूबोगे तो

उदासी के सागर में डूबोगे तो, सहार देंगे तुम्हें ।
ग़मो से जब-जब भी टूटोगे तो सुधार देंगें तुम्हें ।।

जहां में हमारे बगैर तुम्हें कुछ भी भायेगा नहीं,,
ख़ुदा क़सम सनम , हम इतना प्यार देंगे तुम्हें ।।

हमारे बाद जो इस मुहब्बत की निशानी होगी,
रब ने चाहा तो एक हसीन उपहार देंगे तुम्हे ।।

कब तक करोगी कोशिशें हमें सुधारने की यूं,,
ये बदतमीज़ियाँ तो हम, बार-बार देंगे तुम्हें ।।

कुछ और तो नहीं मेरे, ग़रीब दामन में, मगर ,
अपना ख़ूने जिगर देकर भी संवार देंगे तुम्हें।।

दुःखी जीवन तो जी लिया बहुत मगर अब ,,
यही इरादा है कि ख़ुशियाँ,भरमार देंगें तुम्हें ।

29. कभी संवारती है वो

कभी संवारती है वो,
कभी सहारती है वो,
कभी लगाकर सीने से,
मुझे दुलारती है वो ,
लगता है हर पल जैसे,
मुझे पुकारती है वो
लेकर सारी बालाएं मेरी,
नज़र उतारती है वो,
मेरी पूजा,मेरी अर्चना,
व मेरी आरती है वो,
बस..! मेरी ख़ुशी के लिए,
सब कुछ वारती ह वो
न समझ पाऊं भाव उसके,
तो, ताने मारती है वो

30. दिलों से निकाल कर सारे परिवाद रख देना

दिलों से निकाल कर सारे परिवाद रख देना।
मधुर रिश्तों की तुम हमदम बुनियाद रख देना।।

इससे पहले की जिन्दगी शिकवों में उलझ जाए ,
मुस्कुरा कर तुम प्रणय संवाद रख देना।।

रिश्तों का अगर लेना हो खुल कर मजा यारों ,
तो समेटकर कहीं दूर सभी विवाद रख देना।।

दुनिया को हर मुश्किल से ईश्वर ही निकालेंगे ,
सच्चे मन से उसके समक्ष फरियाद रख देना।।

तेरे कफस में कैद हूं , बस इतना सा कर्म करना ,
किसी बर्तन में दाना-पानी , मेरे सय्याद रख देना।।

ऐ मौत के फरिश्ते मुझे ले जाने से पहले ,
लाकर मेरे महबूब को दौलताबाद रख देना।।

दिलों से निकाल कर सारे परिवाद रख देना ,
मधुर रिश्तो की तुम हमदम बुनियाद रख देना।।

31. आज फिर तुम सजी हो

आज फिर तुम सजी हो,
संवरी हो,
नव-वधु सी !!

श्रृंगार जो उपलब्ध थे,
सभी तो किये होंगे तुमने !!
सजते हुए तुम्हे कोई गीत भी याद आया होगा ।
प्रफुल्लित मन से तुमने, कुछ तो गुनगुनाया होगा !!

नहाते समय.
जल की ढलती बूंदों ने.
तुम्हे छेड़ा तो होगा...,
देह की सुडौलता पर.
कुछ बूंदें यूं ही ढल गईं होंगी ।
अनायास ही कुछ सिसकियां,
तुम्हारी निकल गईं होंगी !!
तुमने दर्पण देख, ख़ुद को ख़ुद में ही छिपाया होगा ।
प्रफुल्लित मन से तुमने, कुछ तो गुनगुनाया होगा !!

वस्त्र धारण कर तुमने,
जब लटों को संवारा होगा ,
ठहर कर कुछ पल,
ख़ुद को ही निहारा होगा !
अचानक ही वो..
हाथों की रची मेहंदी को देखकर,
दोनों हथेलियों से तुमने लजाकर, मुँह को छिपाया होगा !
प्रफुल्लित मन से तुमने, कुछ तो गुनगुनाया होगा !!

32. यह भूल है कोई विधाता की

यह भूल है कोई विधाता की,
या रचा है कोई खेल प्रिय ।
इस बात से बड़ा अचंभित हूँ,
हुआ कैसे हमारा मेल प्रिय ।

मैं ऊबड़ - खाबड़ बेरंग धरा ,
तुम जगमग सा आकाश प्रिय।
तुम क्षत्रिय वर्ण का गौरव हो,
मैं शूद्र वंश का दास प्रिय ।

तुम आन-बान की हो मर्यादा,
जौहर जिसका श्रृंगार प्रिय ।
सेवा करना और चुप रहना,
मेरे वंश का है आधार प्रिय।

चार वर्णों में जगत विभाजित,
तुम दूजे हो मैं अंत प्रिय ।
मत करो समर्पण मेरे लिए,
अभी शून्य हूँ मैं अनन्त प्रिय।।

उस जगत-नियंता ने मुझको,
दिया श्याम रंग व कुवंश प्रिय।
वहां कर्म किया है ईश्वर ने ,
मैं झेल रहा यहां दंश प्रिय ।

यह जगत पराया लगता है ,
तुम अपना सा एहसास प्रिय।

पतझर से सूने जीवन में,
ज्यों आया हो मधुमास प्रिय।

तुम तीव्र गति से चलती हो,
और मेरी मद्धिम चाल प्रिय।
तुम भी पीछे ना रह जाना,
मत मेरा हाथ संभाल प्रिय।।

तेरे जीवन की पुस्तक में,
हर पृष्ठ पे गौरव गान लिखा ।
वह पृष्ठ कलंकित है शायद,
जिस पर भी मेरा नाम लिखा।।

कालीन छोड़कर मलमल की,
मत आओ कीच के पास प्रिय।
तुम क्षत्रिय वर्ण का गौरव हो,
मैं शूद्र वंश का दास प्रिय ।।

तुम पारिजात का खिला पुष्प,
मैं कंटक द्रुम का साया हूँ ।
तुम शोभा हो इस धरती की,
मैं व्यर्थ जगत में आया हूँ ।।

तुम आशीषों का परिणाम,
मैं एक साधारण प्राणी हूँ।
तुम सत्ताधीश की आज्ञा हो,
और मैं याचक की वाणी हूँ।।

जो सोच है जग की मेरे लिए,
क्यों उसका खंडन करती हो।
भगवन से पहले प्राण-प्रिय ,

क्यों मेरा वंदन करती हो।।

तेरी बातों का रस पीती हूँ ।
शब्दों के टुकड़े खाती हूँ ।
जिस दिन भी बात नहीं होती,
उस दिन भूखी रह जाती हूँ ।।

तुम स्पंदन हो अधरों का,
उर का संगीत तुम्हीं हो।
मैं मीत भले हूँ दुनिया का,
पर मेरे मीत तुम्हीं हो ।

33. क्या मेरा महत्व नहीं

क्या मेरा महत्व नहीं ?
मानव द्वारा निर्मित होने पर,
मुझे भी था अभिमान बहुत।
ये प्रण लिया मैंने,
विपत्तियों से सदैव बचाऊंगी।
स्वयं घिसकर तुझको सजाऊंगी।
मैं शूल पर पड़कर प्रसन्न हूँ
घायल होने से बचाया है मैंने।
और खिन्न हूँ किसी शूल को मसलकर
कोमलता पर उत्पाद मचाया है मैंने।।
चिकनी-चुपड़ी राहों पर मचल जाती हूँ।
इसलिए कभी पैरों से भी निकल जाती हूँ।।
आखिर मैं भी मानव निर्मित ही तो हूँ,
वही है प्रवृति मेरी भी।
घिस-घिस कर भी चलती हूँ मैं
बड़ी है शक्ति मेरी भी।।
मेरा भी मन है अर्चना करुं मैं।
परन्तु अभिशाप; किसी जन्म का
देवालय में प्रवेश वर्जित है मेरा
जन्म-जन्मान्तरों से।
हाँ ! बिना जोड़े के मेरा अस्तित्व नहीं है न था!!
हमसे सीखा जा सकता है,
जन्मों-जन्मों तक संयोग में रहना।
परन्तु !! अपंगता के साथ,
हमें रहना होता है सदा एकाकी,
जो हृदय विदारक बहुत लगता है।
वही मेरे जीवन का चिराभिशाप है।

नर-मादा मैं दोनों हूँ ।
समाज में मेरा भी बड़ा महत्व है।
पद्निका के रुप में मेरा अस्तित्व है ।
हाँ मैं पद्निका हूँ पद-तल रक्षिका ।।

34. हमारी शान है

हिंदी हमारी शान है हिंदी , हमारी जान है हिंदी ।
मैं हिंदी का प्रहरी हूँ , मेरी पहचान है हिंदी ।
आत्मा है, प्राणवायु है , हिंदी हिंदुस्तान की,,
जो इसका मान रखता है उसी का मान है हिंदी।।

वतन की शान है हिंदी, वतन की जान है हिंदी ।
जो हिंदी माँ के बेटे हैं , उनकी पहचान है हिंदी ।
प्राणवायु है,आत्मा है, यही हिंदी हिंदुस्तान की ,
अधूरा है वतन इस बिन, भारत-विधान है हिंदी।।

हिंदी - हिंदुस्तान की , एक अमिट पहचान।
हिंदी, है सम्मान देश का, हिंदी स्वाभिमान।
बिन निज-भाषा नेह के,विचारो हिंदी वालों,
इस भांति क्या हिंदी का , संभव है उत्थान।।

मेरा अभिमान है हिंदी , मेरा अरमान है हिंदी ।
मैं हिंदी का प्रहरी हूँ , मेरी पहचान है हिंदी ।
संचारित है रक्त बनकर हिंदी मेरी शिराओं में ..
मैं इसका मान रखता हूँ, मेरा सम्मान है हिंदी।।

35. हिंदुस्तान का शिवनेरी

हिंदुस्तान का शिवनेरी, एक बहुत प्रचलित धाम सुनो ।
उस माटी पर जन्मा छत्रपति, वीर शिवाजी नाम सुनो ।।

दुश्मन से कभी भी डरा नहीं - मर कर भी जो मरा नहीं ,
जिससे हिंदुत्व कलंकित हो,कोई कर्म भी ऐसा करा नहीं,,

स्वाभिमान के लिए जियो, युग-युग तक ये पैगाम सुनो ।।
हिंदुस्तान का शिवनेरी , एक बहुत प्रचलित धाम सुनो ।

धन्य है वो जीजाबाई मां -जिसने सच्चा बाहुबली जन्मा,
पग-पग पर बाधाएं आयीं, किंतु विजय- रथ नहीं थमा,,

धर्म - ध्वजा को थामे वह, चलते ही रहे अविराम सुनो ।।
हिंदुस्तान का शिवनेरी, एक बहुत प्रचलित धाम सुनो ।

सबसे पहले भारत में, योग्य नौसेना का निर्माण किया,
निकलों-विकलों को संगठित कर,नारी का सम्मान किया,,

जिनके गुरु रामदास जी तथा आराध्य संत तुकाराम सुनो।
हिंदुस्तान का शिवनेरी , एक बहुत प्रचलित धाम सुनो।।

नख को भी शस्त्र बनाकर के, उदर बाघ का फाड़ा था,
मुग़ल सल्तनत में जाकर, देखो एक सिंह दहाड़ा था,,

स्वराज्य के संस्थापक हैं वो,शिवाजी कथाएं तमाम सुनो।
हिंदुस्तान का शिवनेरी, एक बहुत प्रचलित धाम सुनो ।।

राष्ट्र-चिंतक और धर्मयोद्धा,सुवीर शिवाजी बड़े बलवान,
निडरता और बुद्धि के बल पर रखा जीवित स्वाभिमान ,,

निज पराक्रम के बल पर जिसने जीते कई संग्राम सुनों ।
हिंदुस्तान का शिवनेरी, एक बहुत प्रचलित धाम सुनो ।।

हिंदुस्तान का शिवनेरी, एक बहुत प्रचलित धाम सुनो ।
उस माटी पर जन्मा छत्रपति, वीर शिवाजी नाम सुनो ।।

चिर -घोर अंधेरे भारत में प्रकाश वो लेकर आया था ।
अपने अथक परिश्रम से जीवन को श्रेष्ठ बनाया था ।।

युगो-युगो तक जलने वाला दीपक एक प्रदीप्त हुआ ।
शिवनेरी में जन्मा बालक वीर शिवाजी कहाया था ।।

कर्म,कौशल और ज्ञान का उसमें था अथाह भंडार भरा।
मिली उपाधि छत्रपति की सब जग का उद्धारक था ।।

शाह जी और जीजाबाई ने धर्म का पाठ सदा सिखाया ।
कर्तव्य -परायण पुत्र को पाकर धन्य स्वयं को पाया था ।।

अपने शौर्य पराक्रम से भारत का नाम सुशोभित किया ।
देशप्रेम और देश भक्ति का वह जीवंत परिचायक था ।।

मराठी और संस्कृत भाषा का सब जग में विस्तार किया ।
अद्भुत विवेक और करुणा का वह अलौकिक साधक था ।।

नारी-वृद्ध और सब धर्मों का उसने सदा सम्मान किया ।
चुन-चुन कर दुश्मन को मारा वो मुगलों का संहारक था ।।

पेशेवर सेना रखकर उसने शत्रु का काम तमाम किया ।
अत्याचारी तुर्की यवनो को भी भर हुंकार ललकारा था ।।

दबी-कुचली हिंदू जनता को मुगलों से भयमुक्त किया ।
कर्मठ योद्धा वीर शिवाजी हिंदुस्तान का वह गौरव था ।।

36. मेरे चिर अवरुद्ध जीवन की

मेरे चिर अवरुद्ध जीवन की , निष्कपट अनुरागिनी हो तुम।
प्रतिपल रंग बदलते जग मैं ऋतम्भरा सहगामिनी हो तुम।।

रूप विलक्षण तुमने पाया-नव किसलय सी तेरी काया।
प्रारब्ध मेरा चमका तब से , जब से मंजिल तुम को पाया।।

हुई अवतरित मेरे लिए , मोहक बैकुण्ड निवासिनी हो तुम ।।
मेरे चिर अबरुद्ध जीवन की , निष्कपट अनुरागिनी हो तुम ।।

प्रभु-भूषित , विशाल- विमल , तुम अब तक शिशु सम चंचल।
हे हित-चिंतक स्वीकार करो , ये प्रणय मेरा अविरल निश्छल ।।

अभिलाषित जीवन संगिनी , अहर्निश स्वप्न विचारिणी हो तुम ।
मेरे चिर अवरुद्ध जीवन की , निष्कपट अनुरागिनी हो तुम ।

37. ओ शांति पुञ्ज-ओ मधुर कुञ्ज

• 43 •

ओ शांति पुञ्ज-ओ मधुर कुञ्ज ,
कोई तो राह बताओ तुम ।
प्रयास कौन सा करूँ प्रिये ,
जो जीवन में आ जाओ तुम ।।

घन-घोर तिमिर में घिरा हुआ,
मैं पड़ा हुआ असमंजस में ।
गृहस्थ - व्यूह में उलझा हूँ,
विच्छेदन नहीं मेरे वश में ।।

लेकर अपने आलिंगन में,
मुझको मोक्ष दिलाओ तुम ।
प्रयास कौन सा करूँ प्रिये ,
जो जीवन में आ जाओ तुम ।।१

विकराल रूप है लहरों का,
नेह-नैया डग-मग हिलती है।
नाविक तुम हितचिंतक मेरे,
तुमसे मुझे हिम्मत मिलती है।।

कर थाम कर मजबूती से,
भव सागर पार लगाओ तुम।
प्रयास कौन सा करूँ प्रिये ,
जो जीवन में आ जाओ तुम ।।२

पग-पग पर प्रेरित कर-कर,

नित तुमने मुझे उभारा है।
दुर्लभ राहों का अन्वेषी मैं ,
तू शीतल कुंज किनारा है।।

लेकर अपने अंकुश मुझको,
पोरों से सर सहलाओ तुम।
प्रयास कौन सा करूँ प्रिये ,
जो जीवन में आ जाओ तुम ।।३

चिर - विरह-वेदना नयनों में ,
युगों - युगों से हो जैसे ।
उस हित-चिंतक के दर्श बिना,
मैं राहत पाऊं तो कैसे ।।

मैं विरह - ताप से पीड़ित हूँ,
बन मिलन-औषधि आओ तुम।
प्रयास कौन सा करूँ प्रिये ,
जो जीवन में आ जाओ तुम ।।४

कुंठित-कलुषित मन में जब,
कुछ प्रश्न स्वतः ही आते हैं ।
उत्तर सुखदायी ना पाकर,
नम होकर दृग भर जाते हैं।।

ढलते आंसू अधरों से चूम,
अब मेरी धीर बंधाओ तुम ।
प्रयास कौन सा करूँ प्रिये ,
जो जीवन में आ जाओ तुम।।५

भावी जीवन तुझ संग जिऊं,
यह ही चिर अभिलाषा है।

तन-मन-कंवल कुम्हलाए हैं,
अतृप्त ये प्रीत -पिपासा है।।

मृदु-नेह-सरिता बनकर अब
जीवन की प्यास बुझाओ तुम।
प्रयास कौन सा करूँ प्रिये ,
जो जीवन में आ जाओ तुम ।।६

एक भरी-भीड़ है चहुं-ओर,
मैं एकांतवास में हूँ खोया ।
उन्मादित है तन - मन मेरा,
मुस्काते हुए भी हूँ रोया ।।

आतुर हूँ उड़कर आने को ,
तत्पर हो , मुझे बुलाओ तुम ।।
प्रयास कौन सा करूँ प्रिये ,
जो जीवन में आ जाओ तुम ।।७

ओ शांति पुञ्ज-ओ मधुर कुञ्ज ,
कोई तो राह बताओ तुम ।
प्रयास कौन सा करूँ प्रिये ,
जो जीवन में आ जाओ तुम ।।

38. तुम्हारे नेह देवालय में नित आता हूं

तुम्हारे नेह देवालय में नित आता हूं, नित जाता हूं।
निज मन की ये बेदना, हँस हँस कर तुम्हें सुनाता हूँ।।
जब-जब तेरा दर्श हुआ, नैनो ने स्थिरता पायी
स्पर्श तुम्हारा पाकर तन में एक नव चेतना आयी
वैचारिक संयोग कल्पना, आशंकित मन पर छायी
मुरझाये मन-कंवल ने जैसे, नव नूतन ऊर्जा पायी
विरह भंवर में फंसकर भी मैं गीत मिलन के गता हूँ ।
तुम्हारे नेह देवालय में नित आता हूँ नित जाता हूँ।।
यह भी अभिलाषा ही मेरी, स्वप्न तेरे साकार करूं।
जब-जब पाऊ ये मानव तन, नेह तुमसे हर बार करूं।
तुमसे सच्ची प्रीत निभाकर, जीवन का उद्धार करूं।
जीवन की सब भव-बाधाये तुझ संग ही मैं पार करूं।।
नाम आंखों की बोझिल पलकों पर मैं ऐसे स्वप्न सजाता हूँ।
निज मन की यह वेदना हँस-हँस कर तुम्हे सुनाता हूँ।।

39. तनहाई में भी मुझे याद करना

तनहाई में भी मुझे याद करना मुहब्बत नहीं है तो फिर और क्या है,

मेरे लिए ही सजना संवरना, मुहब्बत नहीं है तो फिर और क्या है

आने से मेरी खुशी एक आये,

जाने की बातें भी गम दे के जाए

यूं पल भर में सपनों का बनना-बिखरना मुहब्बत नहीं है तो फिर और क्या है,

मैंने छोड़ा स्नेही परिवार सिर्फ तुम्हारे लिए

झेली है गमों की मार सिर्फ तुम्हारे लिए,

कदम तुम्हारे ना आहत हों कभी, मैं पथ रक्षक भी बना

सहे कितने कंटक प्रहार सिर्फ तुम्हारे लिए,

भले तुम मुझे अपना ना कहो, ये हक है तुम्हें भी मगर

मैं लूंगा जन्म हर बार सिर्फ तुम्हारे लिए!

40. अन्तर्मन है मेरा व्यथित प्रिये

अन्तर्मन है मेरा व्यथित प्रिये, कुछ गीत प्यार के गाओ तो
जो ज़ख्म दिये वक्त ने मुझे उन ज़ख़्मों को सहलाओ तो
छिप गया चांद इस बदली में, मैं खोज-खोज कर हूँ हारा।
मैं डूबा हूँ उन अश्कों में, नयनों से है बहती धारा।।
ऐ मीत उठाकर तुम घूंघट अपनी झलक दिखाओ तो
जो ज़ख्म दिये वक्त ने मुझे....................................!!
हे चन्द्र-बदन है गज गामिनी, प्यारी अधरों की है लाली।
माथे पर बिंदिया चमक रही, और चूम रही मुख को बाली।।
ये निशा बीत न जाए अब तुम पास चली भी आओ तो
जो ज़ख्म दिये वक्त ने मुझे....................................!!
काँटे में करघनी, पांव नुपुर, हाथों में कंगन दमक रहे।]
ये गोरे-गोरे गाल तुम्हारे, कुंदन से जैसे चमक रहे।।
अब सब बंधन तोड़ प्रिये, इन सांसों में बस जाओ तो
जो ज़ख्म दिये वक्त ने मुझे....................................!!
अन्तर्मन है मेरा व्यथित प्रिये........................
जो ज़ख़्म दिये वक्त ने मुझे....................................!!

41. अब ज़माने से कोई शिकायत नहीं

अब ज़माने से कोई शिकायत नहीं
मैने चाहा जिसे मुझको वो मिल गया।
इस जहाँ की मुझे हर खुशी मिल गई
क्या हुआ बदले में जो मेरा दिल गया।।

पहले-पहले ज़माना था दुश्मन मेरा
एक कली को तरसता था आंगन मेरा
अब कली की नहीं है तमन्ना मुझे
इस चमन का हर एक गुल खुल गया।

इस जहाँ की...!
हर्ष से आज नैना भी नम हो गये
देखो मैं और तुम आज हम हो गये
पार हो जायेगें भव सागर से भी
गम नहीं है जो हाथों से साहिल गया।

इस जहां की...!
आये बैरी कई तो हमें मारने
काट डाला उन्हें प्रीत की धार ने
मात खाई हे सबने हमें देखकर
लौटकर फिर प्रकाश का कातिल गया।

इस जहां की...!
अब ज़माने से कोई शिकायत नहीं...................
इस जहां की मुझे..!

42. जिसे लोग बड़ा दिन कहते हैं

जिसे लोग बड़ा दिन कहते हैं उसकी रात सफर में गुजरी हैं!
धन वस्त्र आश्रय हीन जिसे महसूस करे वही मात सफर में गुजरी हैं
वस्त्रों की कोई कमी न थी स्थान भी था पर्याप्त मिला।
मित्रवत जिससे संबंध थे एक राही ऐसा साथ मिला
हम साथ भरी रात रहे लेकिन फिर भी ठण्डी प्रभात सफर में गुजरी हैं
जिसे लोग बड़ा दिन कहते हैं उसकी रात सफर में रूरजरी हैं
हमसफर विकलांग मेरा किन्तु रसीला था बड़ा ज्ञानी था
हर वस्त्र ठण्ड से शीतल था मानो उनमें कुछ पानी था
सर्दी से रात भर द्वंद्व चला लड़ते-दड़ते एक मात सफर में गुजरी है।
जिसे लोग बड़ा लिन कहते हैं उसकी रात सफर में गुजरी है।।
कभी बैठ रहे कभी लेट रहे क्या लिखूं वो कैसा मंजर था
विकलांग कक्ष में बैठा थी टी.सी. के आने का डर था
कभी डर जीता कभी हम जीते फिर हमे मिली सौगात सफर में गुजरी हैं
जिसे लोग बड़ा दिन कहते हैं उसकी रात सुर में गुजरी है।
धन-वस्त्र आश्रय हीन जिसे महसूस करे वही बात सफर में गुजरी है।।

43. कभी खामोशी, कभी उल्लास कभी उदासी नजर आयी

कभी खामोशी, कभी उल्लास कभी उदासी नजर आयी।
आज फिर तुम्हारी निगाहें बहुत प्यासी नजर आयी।।
लबों पर हैं शिकवे-गिले, हृदय में नेह असीमित है।
कहां जाओ जुदा होकर, संबंध तो ये परीणित है।।
तुम्हारे हृदय कूप में देखा तो संचित राशि नजर आयी।
कभी खामोशी कभी उदासी कभी कभी ....।।

तुझ-बिन मेरा-मुझ बिन तेरा, है ये जीवन व्यर्थ प्रिये।
दोनों को एक दूजे के संग मिल जायेगा अर्थ प्रिये।।
आकर तेरे बाहु-पाश में, फिर मुझको काशी नजर आयी।
कभी खामोशी, कभी उल्लास कभी उदासी नजर आयी ।।

44. बेटी विवाह गीत

इस शुभ पावन अवसर पर,आशीष मेरा स्वीकार करो।
जीवन में ना कमी हो कोई, आपस में इतना प्यार करो।।

नेत्र झील हैं केश घटाएं, नव-किसलय से अधर खिले,
वो हो जाए धन्य जहां में, जिसको यह उपहार मिले,
तुम हो एक सुहाना मौसम, पतझड़ को भी बहार करो ।
जीवन में ना कमी कोई हो,आपस में इतना प्यार करो ।।

जिस घर में तुम कदम रखो, उस घर में खुशहाली हो,
हर दिन हो उत्सव के जैसा, और हर रात दिवाली हो,,
प्यार-मोहब्बत, हंसी-खुशी से, जीवन नैया पार करो ।
जीवन में ना कमी हो कोई,आपस में इतना प्यार करो।।

इस घर से उस घर में जाकर,अपने फ़र्ज़ निभाना तुम,
नई-नई खुशियों को पाकर,हमको ना बिसराना तुम,,
इस दिल मे तुम बसी रहोगी,मत अब सोच-विचार करो।
जीवन में ना कमी कोई हो,आपस में इतना प्यार करो ।।

45. नव- वर्ष गीत

प्रभु मेरे सभी शुभचिंतक ,
सत-पथ के अनुगामी हों।
नव- वर्ष के पावन अवसर पर ,
नव -निधियों के स्वामी हों..।
कष्ट सभी हरना उनके ,
जीवन खुशियों से भर देना !
अपनी कृपा रखना उन पर ,
सुखों का सागर देना !!
कोई भी रुष्ट ना हो उनसे ,
वे महामानव आसामी हों.।
प्रभु मेरे सभी शुभचिंतक,
सत-पथ के अनुगामी हों!
नव वर्ष के पावन अवसर पर,
नव- निधियों के स्वामी हों ।।
उनसे जो एक बार मिले ,
मिलकर वह प्रभावित हो!
उन से जुड़ा हर एक संबंध,
अपनत्व से संचालित हो !!
जग में प्रतिष्ठा उनकी बढ़े,
वह इतने नामी-गिरामी हों.।
प्रभु मेरे सभी शुभचिंतक ,
सत-पथ के अनुगामी हों।।
नव वर्ष के पावन अवसर पर,
नव -निधियों के स्वामी हों।।
प्रतिदिन उत्सव हो उनका
और प्रति- रात दिवाली हो !
जिस जनसभा में वो जाएं,

उसकी छटा निराली हो!!
हर मानव चाह करें उनकी ,
वे आकर्षक और दामी हों ।
प्रभु मेरे सभी शुभचिंतक ,
सत-पथ के अनुगामी हों ।
नव वर्ष के पावन अवसर पर,
नव -निधियों के स्वामी हों।।
उनका नाम सफलता के ,
उच्च शिखर पर चढ़ जाए !
नित-नूतन सुकर्मों से ,
उनकी आभा बढ़ जाए !!
कुसंगत से वे बचे रहें ,
दूर सदा खल-कामी हों ।
प्रभु मेरे सभी शुभचिंतक ,
सत-पथ के अनुगामी हों ।
नव वर्ष के पावन अवसर पर,
नव- निधियों के स्वामी हों।।
नव-वर्ष के पावन अवसर पर,
नव-निधियों के स्वामी हों।।
प्रभु मेरे सभी शुभचिंतक ,
सत-पथ के अनुगामी हों।
नव- वर्ष के पावन अवसर पर ,
नव -निधियों के स्वामी हों..।
कष्ट सभी हरना उनके ,
जीवन खुशियों से भर देना !
अपनी कृपा रखना उन पर ,
सुखों का सागर देना !!
कोई भी रुष्ट ना हो उनसे ,
वे महामानव आसामी हों.।
प्रभु मेरे सभी शुभचिंतक.....

46. हिन्दी दिवस विशेष -हिन्दी गीत

न जाने कब प्रिय हिन्दी का सुसम्मान मिलेगा
होगा कब वो पावन दिन जब उचित स्थान मिलेगा

प्रकाश लेकर दिनकर आया हिन्द के आंगन में
पुष्प एक खिला निराला इसके ही उपवन में
सूर, कबीरा, तुलसी, प्रेम, गुप्त, पंत और महादेवी
प्रतीक्षारत है हिन्दी अभी फिर कब रसखान मिलेगा
होगा कब वो पावन दिन जब उचित स्थान मिलेगा।।

हिन्दी विकास मार्ग में कुछ लोग अभी अवरोधक हैं
निज-भाषा निज-संस्कृति की अवनति के घोतक हैं
हिन्दी-भाषी बन हिन्दी पर जो पूर्ण समर्पित हो जाए
मां हिन्दी को न जाने कब ऐसा इंसान मिलेगा
होगा कब वो पावन दिन जब उचित स्थान मिलेगा।

औपचारिकता हेतु-मात्र हिन्दी-दिवस मनाते हैं
कर्तव्यों से मुक्ति मान कर अति प्रसन्न हो जाते हैं
अधरों पर आलिंगन जब-जब हिन्दी के शब्द करेंगे
सच कहता हूँ अनुभव करना स्वाभिमान मिलेगा
होगा कब वो पावन दिन जब उचित सम्मान मिलेगा।

हिन्दी के मृदु शब्द जब शुध्द उच्चारित होते हैं
मानों तन-मन मंथित मधुरस में डुबोते हैं
माँ है हिन्दी हम इसके सुत
आओ इसके आँचल में
शब्दों की जब भूख लगेगी मधु रसपान मिलेगा

होगा कब वो पावन दिन जब उचित सम्मान मिलेगा।

47. अन्तर्राष्ट्रीय महिला दिवस विशेष (गीत)

हिन्द धरा की वीर नारियों तुमको आगे बढ़ना है।
अपनी शक्ति पहचान कर युग परिवर्तन करना है।।
तुम ही विश्व के भविष्य की भाग्य विधाता हो
तुम सृष्टि हो और तुम्हीं तो युग निर्माता हो
अनुसरण की नीति त्यागों तुमको आगे चलना है।
अपनी शक्ति पहचानकर युग परिवर्तन करना है।।
कारनामें बड़े-बड़े यहां जिनसे सफल बने हैं
तुमने ही तो विश्व के ऐसे महावीर जाने हैं
ओर न जाने तुमको कितने महापुरूषों को जनना है।
अपनी शक्ति पहचान कर युग परिवर्तन करना है।।
पुरूषों की सफलता में भी नारी का ही हाथ सदा
भेदभाव के कारण किन्तु कई जगह अज्ञात सदा
खुद अपनी पहचान तुम्हें बनकर अब उभरना है
अपनी शक्ति पहचान कर युग परिवर्तन करना है।।
बन सबला अब तोड़ने होंगे अनावश्यक बंधन सभी
पहल करोगी तो संभव है भावी परिवर्तन तभी
अपना दीपक खुद बनकर पथ उजियारा करना है।
हिन्द धरा की वीर नारियों तुमको आगे बढ़ना है।।

48. सावन गीत

सावन की बूंद गिरी मन भरमाया ।
इस बार कैसा ये सावन है आया।।

शीतल-शीतल पवन चल पड़ी है,
हिम कण सी बूंदों की झड़ी है,

मगर मेरा तन क्यों गरमाया ।
इस बार कैसा ये सावन है आया ।।

पत्ता-पत्ता मगन हो रहा है
प्रसन्नता में चैन खो रहा हे

वृक्षों ने अनूठा है शोर मचाया ।
इस बार कैसा ये सावन है आया।।

कानों में हौले से पवन बोलती है
हृदय के सारे ये दर खोलती है

फिर हौले से उसन बदन गुदगुदाया ।
इस बार कैसा ये सावन है आया।।

कहते हैं सावन है बेला मिलन की
जिसने खुशी छीन ली मेरे मन की

ऐसे में मुझको वही याद आया ।
इस बार कैसा ये सावन है आया।।

है संगीत प्रिय तुम्हें और हमको
प्रकाश आकर हरो इस तम को

उजालों का नेह ने दीपक जलाया।
इस बार कैसा ये सावन है आया।।

सावन की बूंद गिरी मन भरमाया।
इस बार कैसा ये सावन है आया।।

49. राष्ट्रवादी गीत

कहीं पर जान लिखा है कहीं पर शान लिखा है।
हमारे दिल के हर कोने में हिन्दुस्तान लिखा है।।

कोई तो इश्क में डूबा किसी का दिल यहां टूटा है ।
कोई बिछड़ा है दिलबर से कोई महबूब से रूठा ।।
वतन के हम दीवाने हैं उसी का नाम लिखा है
हमारे दिल के हर कोने में हिन्दोस्तान लिखा है।।

कहीं मजहब के झगड़े हैं कहीं बिगड़ी फिजाएं हें
हमारे दिल में उनके वास्ते फिर भी दुआएं है
राष्ट्र हित है धर्म अपना वही ईमान लिखा है।।
हमारे दिल के हर कोने में हिन्दोस्तान लिखा है।।

है नफरत किस लिए बोलो भला क्या साथ जाना ह
सभी ये जानते हैं पर ये जीने का बहाना हे
किसी के काम आऊं मैं भी दिल में अरमान लिखा हैं
हमारे दिल के हर कोने में हिन्दुस्तान लिखा है।।

50. ग्रीष्म ऋतु का गीत

भादों की तपती गरमी में जब जिस्म तरा-तर रहते हैं
श्रमिक की भाँति क्रियाशील हम रोजी को तत्पर रहते है।

आभास नहीं कि तन मेरा तप रहा धूप की तपन में है।
पूरी हो दैनिक जरूरतें बस यही लगन इस मन में हे।
कभी दोष कहू मैं भाग्य का कभी पूर्वजों के कटु वचन
संतोष इसी पर कर लूं अब शायद यही जीवन में है।।

कुछ जन तो कुछ भी न करें विलासिता में सरा-सर रहतें हैं
श्रमिक की भांति क्रियाशील हम रोजी को तत्पर रहते है।।

कभी टिप-टिप बारिश तो कभी चिलचिलाती धूप यहां
नित-नूतन पीड़ा के कारण बिगड़ रहे स्वरूप यहां।।
जब चकरोड़ो पर उड़े धूल तो आंखें मिच- मिच जाती हैं
नदी ताल सब छलक रहे मस्त है कूप-मण्डूक यहां।।

वो खग भी देखो हाँफ रहे जो उड़ते फर-फर रहते हैं
श्रमिक की भाँति क्रियाशील हम रोजी को तत्पर रहते हैं।।

जब वृक्ष भी खुद छाया ढूंढे रवि तेज से बचने को।
धाराएं भयंकर उमड़ पड़े इस धरा को वश में करने को।
चलती पवन हमें छेड़कर आने को एक नये रूप में
हो जाती फिर ये भी ओझल आप-आप संवरने को।।

प्रकाश आयेगी ऋतु वही फिर जिसमें हम थर-थर रहते हैं।
श्रमिक की भाँति क्रियाशील हम रोजी को तत्पर रहते हैं।

भादों की तपती गरमी में जब...........................!
श्रमिक की भाँति क्रियाशील हम.............................!!

51. अध्यापक दिवस (शिक्षक दिवस) गीत

पूज्य गुरूजी तुम्हें अभिवादन पूज्य गुरूजी तुम्हें अभिवादन!
ईश्वर से पहले तुम्हारा हो वंदन पूज्य गुरूजी तुम्हे अभिवादन।।

अज्ञानी प्राणी धरा पर मैं आया।
गुरूजी आप ही ने मनुष्य बनाया।
भटकता मैं आशीष के बिन तुम्हारे।
शिक्षा का पथ सरल कर दिखाया।।

तुमसे ही सार्थक हुआ मेरा जीवन तुम्हीं ने खिलाया जीवन का उपवन।
पूज्य गुरूजी तुम्हें अभिवादन पूज्य गुरूजी तुम्हें अभिवादन।

गुरूजी मिले तुम कई रूप में हो।
दिया हमको साया स्वयं धूप में हो।
कभी बाप-भाई कभी हो सखा तुम
कभी मातृ-शक्ति के स्वरूप में हो।।

है शिष्य तो दोषी शिक्षक है पावन है प्रभु तुल्य तुम्हारा आराधन
पूज्य गुरूजी तुम्हें अभिवादन पूज्य गुरूजी तुम्हें अभिवादन।।

अशिक्षित भटकता मैं तुमने संभाला।
अज्ञानता की भंवर से भी निकाला।
तुम्हारे गुणों को कहां तक लिखूं मैं
हरो आप तम को हमें दो उजाला।।

ईश्वर से पहले..!
पूज्य गुरूजी...............................!

52. विरह गीत

मैं किसी का हूँ कभी मैंने ये दर्शाया नहीं।
इसलिए मुझको किसी ने भी अपनाया नहीं।

अपनों की बस्ती में मैं होकर पराया रह गया।
गैर सब लगने लगे बस खुद का साया रह गया।।

गर्दिशों के दौर में अब अपना वो साया नहीं।
इसलिए मुझको किसी ने भी अपनाया नहीं ।।

एक दिन मैंने कहा खुद से भला मैं कौन हूँ ।
हूँ तो मैं वाचाल किन्तु प्रेम में मैं मौन हूँ।।

चाहता था कुछ कहूं अधरों पे शब्द आया नहीं।
इसलिए मुझको किसी ने अपनाया नहीं।।

न ही वो समझे मुझे न ही मैं समझा सका।
न मैं उनका हो सका और न उन्हें मैं पा सका।।

नज़रों का उसके सिवाय और कुछ भाया नहीं।
इसलिए मुझको किसी ने भी अपनाया नहीं ।।

मैं किसी का हूँ...!
इसलिए मुझको...!

53. वर्षा -गीत

मैंने बारिश की बूंदों के साथ पवन को खेलते देखा है
चपला दामिनी को उत्साह वर्धन में तालियाँ बजाते देखा है।।
मैंने बारिश की बूंदों के साथ
अबोध पवन को खेलते देखा है।
चपला दामिनी को उत्साह वर्धन में
तालियाँ बजाते देखा है।।
उल्लास भरी पवन को
सबकुछ ढकेलते देखा है।
हाँ! मैंने बारिश की बूंदों के साथ
अबोध पवन को खेलते देखा हे।।
बारिश की तेज बूंदों से डरकर आयी हौले से घर के भीतर।
शान्त होकर सिमटना चाहती है खिड़की झरोखों में छिपना चाहती हैं।
भयभीत दृढ़ पवन को भी
भय से सिमटते देखा है
हाँ मैंने बारिश की बूंदों के साथ
अबोध पवन को खेलते देखा है।।
अम्बुज की गर्जन से डरकर
मेमने की भाँति उछलकर
चंचल नेत्रों में अठखेलियाँ करने का भाव
मदमाते मौसम में उड़ने उडाने का भाव
शान्त लताओं में टपकती बूंदों से लड़ते देखा है।
हां मैंने बारिश की बूंदों के सराथ
अबोध पवन को खेलते देखा है।

54. मधुयामिनी-प्रणय गीत

क्या अजब रात थी-क्या गजब रात थी
हम बहकते रहे....... वो मचलते रहे।।
एक अलग ही नशा-छा गया था कि हम
यूं ही गिरते रहे......... ओर संभलते रहे।।
क्या अजब रात थी क्या गजब रात थी-2

हाथ पर हाथ पहले तो हमने रखा
फिर उठाकर उसे अधरों से छुआ
झुकते चेहरे को हमने ऊपर कर दिया
उनके मस्तक पे फिर आलिंगन किया

फिर वे लोचन कपोलों के पश्चात मे।
अधरों से अधर ही मिलते रहे।।
क्या अजब रात थी-क्य गजब रात थी......

अनछुए कितने पहलू पे चर्चा हुई
चन्द पल जिन्दगी यूँ ही खर्चा हुई
ज्यों ही हौले से हम उनसे सटने लगे
लाज से वो स्वयं में सिमटने लगे

क्या अजब रात थी- क्या गजब रात थी...
वस्त्र चुन-चुन के हर एक अलग कर दिया
एक-दूजे को आगोश में भर लिया
कुछ क्रियाओं का हमको प्रतिउत्तर मिला
एक महापुष्प ज्यों देह में फिर खिला

रिक्तता फिर हवा को भी मिल न सकी......

आहों से गर्म शोले निकलते रहे.......
क्या अजब रात थी- क्या गजब रात थी.........

मैं मुझे वो उसे याद ही ना रहे
प्रणय से भरे सारे शब्द कहे
चिर-आनंद के बेला में हम खो गये
दो बदन फिर सिमटकर एक हो गये

फिर तो कामुकता कुछ यूं हावी हुई.......
लहरों में डूवते और उछलते रहे......।।
क्या अजब रात थी क्या गजब रात थी।
हम बहकते रहे वो मचलते रहे।।
एक अलग ही नशा छा गया था कि हम
यूं ही गिरते रहे और संभलते रहें।।
क्या अजब रात थी क्या गजब रात थी।।

55. अभिलाषा गीत

ऐ खुदा तू मुझे बस गरीब ही रख
हो के धनवान ईमान रहता नहीं।
दौलत का नशा वो नशा है जिसे
पाकर इंसान-इंसान रहता नहीं।।

अब गुरबत में भी जो मेरे साथ है।
बस हकीकत में वो ही मेरे हाथ हैं
मुझपे दौलत नहीं है तो क्या हुआ?
अब मैं ज्यादा परेशान रहता नहीं।
ऐ खुदा तू मुझे बस गरीब ही रख
हो के धनवान ईमान रहता नहीं।।

मैं समझता हूँ दीनों का रहबर है तू।
निकलो विकलो और हीनों के घर है तू।।

जिस दिल में तेरे नाम की छांव हे
वो गुलशन तो वीरान रहता नहीं।
ऐ खुदा तू मुझे बस गरीब ही रख
हो के धनवान ईमान रहता नही।।

भले दौलत न दे तू मुझे ज्ञान दे
दिखावा न हो ऐसा सम्मान दे

मेरे कर्मों से हो आहत कोई
दिल में ऐसा भी अरमान रहता नहीं
ऐ खुदा तू मुझे बस गरीब ही रख
हो के धनवान ईमान रहता नहीं

विश्व स्तर की मुझको शोहरत मिले
जो खर्च कर सकूं इतनी दौलत मिले

दिलों को दुखाकर जो दौलत मिले
दिल में उसका भी अरमान रहता नहीं।
ऐ खुदा तू मुझे बस गरीब ही रख
हो के धनवान ईमान रहता नहीं।।
दौलत का नशा...................!

56. हिंदी गीत

सुनो !! मेरी,जहां वालों, मुझे हिंदी ही प्यारी है ।
सभी भाषाओं से सुंदर, यही हिंदी हमारी है ।।

न होती ये जुबाँ तो फिर,तुम्हीं सोचो के क्या होता !
कोई भी भाव सरलता से-2, भला कैसे बयाँ होता !!
इसी हिंदी ने दुनिया की अभिव्यक्ति सुधारी है ।
सभी भाषाओं से सुंदर, यही हिंदी हमारी है ।।

जुबाँ मेरे वतन की अब,जहाँ में सबसे आला है !
मेरी हिंदी है माँ मेरी -2, और उर्दु मेरी ख़ाला है !!
चमन हिंदी का है रौशन,कई रंगों की क्यारी है ।
सभी भाषाओं से सुंदर, यही हिंदी हमारी है ।।

हो सुख-दुख या,खुशी या ग़म,के रोना हो या गाना हो !
ध्वनि कोई नहीं ऐसी-2, जो हिंदी में बयाँ ना हो !!
इसके परचम को लहराना,हमारी ज़िम्मेदारी है ।
सभी भाषाओं से सुंदर, यही हिंदी हमारी है ।।

सुनो !! मेरी,जहां वालों, मुझे हिंदी ही प्यारी है ।
सभी भाषाओं से सुंदर, यही हिंदी हमारी है ।।

57. घनाक्षरी

नख-शिख सुंदरम, मुख अति मनोरम,
रूप-छवि अनुपम, तुम आभावान हो ।।
अनोखी बनावट हो,जग की सजावट हो,
रोचक हो जग में जो, ऐसा परिधान हो ।।
जीवन का सच तुम्हीं,रक्षक कवच तुम्हीं ,
तुम्हीं हो विवेक मेरा,तुम्हीं मेरा ज्ञान हो ।।
रोम-रोम में हो तुम, हिय में बसे हो तुम,
सारी दुनिया में पिया, तू ही मन भाया है।
बिरहा की पीर सहे, अंखियों से नीर बहे ,
शिशिर ऋतु ने हमें, बहुत सताया है।
अपनी ये बात नहीं,विधि का विधान यही,
करके बहाना हमें, रब ने मिलाया है ।
मन में है खुशहाली,ऋतु आयी मतवाली ,
ऐसे में ओ निरमोही, काहे तड़पाया है ।।

मुक्तक

अध्याय58

1.

मेरी आँखों में, ख़्वाब तेरा है ।
दिल के आंगन में तेरा डेरा है ।
सारी दुनिया तुम्हारी है कान्हा,
तू ही दुनिया में सिर्फ मेरा है ।

2.

ये बार-बार तुम्हारा सॉरी कहना भी क़यामत है,
ऐ ख़ुदा !! मेरे महबूब में कितनी शराफ़त है,
इसमें सॉरी, थैंक्यू का कोई मतलब ही नहीं...
मेरी जान ये मुहब्बत है, बस!! ये मुहब्बत है ।।

3.

हमारे बाद इश्क़ का समंदर ढूंढते रहना...!
इस जंग में शब्दों के खंजर ढूंढते रहना ...!
ज़िन्दगी यूं ही शिकायतों में कट जाएगी ....
और तुम इस मुहब्बत में अंतर ढूंढते रहना...!!

4.

दुनियावाले फिरा रहे ,ये कैसी उल्टी माला !!
मानवता पर हंसता होगा, देख-देख ऊपरवाला !!
ईश इबादत बौनी हुई, और इतराये मादकता....
मंदिर-मस्जिद बन्द पड़े हैं, खुली हुई है मधुशाला !!

5.

यह नहीं मात्र क्षणिक आकर्षण, यह चिर-प्रीत की धारा है !
हमने प्रतिपल सुख और दुख में, जिसका नाम पुकारा है !!

अधरों पर मुस्कान लिए नित, आता है जो सपनों में....
सुंदर-कोमल वो मुख-मंडल, शत-प्रतिशत ही तुम्हारा है ।।

6.

मुहब्बत एक दरिया है.... हम उसके दो किनारे हैं !
हो उनका हाथ - हाथों में तो सब दिलकश नज़रें हैं !
ख़फ़ा है वो अगर मुझसे तो कुछ अच्छा नहीं लगता..
जो वो ख़ुश है तो सहरा में बहारें ही बहारें हैं ।।

7.

जब से सनम मेरा दूर जाकर रहने लगा है ..!
हर एक शख़्स पागल मुझे कहने लगा है ...!
बहुत संभाला ख़ुद को के मुहब्बत बदनाम न हो,
मगर अब आँखों से दरिया बहने लगा है ...!!

8.

हमारे बिन हो तुम आधे, तुम्हारे बिन अधूरे हम !
अगर मिल जाएं हम दोनों, तो हो जाएंगे पूरे हम !
नचाते हो इशारों पर, बजाकर प्रीत का डमरू...,
हमारे तुम मदारी हो, और तुम्हारे हैं जमूरे हम !!

9.

इस आनंददायी प्रीत में, दोगुना हर्ष हो गया !
हमारी प्रणय- यामिनी को एक वर्ष हो गया !!
हमेशा रहेंगे याद सुखद एहसास के वो पल ,
संगिनी के संग ज़िन्दगी का उत्कर्ष हो गया !!
इस नेह को निभाना है हर श्वास साथ-साथ ,
दोनों के बीच आज सुखद विमर्श हो गया !!

10.

हालातों से विवश अभी, इक आज़ाद परिंदा है !

अपने जीवन साथी के, समक्ष बहुत शर्मिन्दा है !
ये विरह-मेघ,रह-रह कर, दर्द असहनीय देते हैं..,
पर बुलबुल ये सच है,प्यार तो फिर भी ज़िंदा है !!

11.

निर्मल जल-सम जज़्बात हो तुम !
शैय हो कभी और , कभी मात हो !
रूप सुंदरी, निश्छल - मन सुरबाला.,
ओ सजनी प्रेम में निष्णात हो तुम !!

12.

जितना था,उससे तो बहुत अधिक हूँ मैं !
किसी की दृष्टि में सबसे प्राथमिक हूँ मैं !
अस्तित्वहीन हो जाना ही मंज़िल है मेरी,
क्षितिज के लिए आतुर प्रेमपथिक हूँ मैं!!

13.

फ़रेबी दौर में भी दिल को पवित्र रखता हूँ ।
महकती है वाणी मैं शब्दों में इत्र रखता हूँ ।
किसी भी हाल में मुझे मायूस नहीं रहने देते..,
रब की मेहरबानी है मैं ऐसे मित्र रखता हूँ ।।

14.

जीवन को महका दिया जिसने वही इत्र है तू ।
है तू निष्कलंक और पतित-पावन पवित्र है तू ।
तुम्हारा साथ पाकर हो गया मैं अकिंचन धन्य..,
मेरी अर्धांगिनी भी तू और मेरा प्रिय मित्र है तू ।

15.

सूरत देखकर ये ना समझना,बालक है, अभी भोला है ।
वाणी का लहज़ा विनम्र सही,पर सीने में एक शोला है ।

निर्भयता की पहचान हैं हम,उस वीर भरत के वंशज हैं,
जिसने दांत गिनने की खातिर शेरों का जबड़ा खोला है ।।

16.

नाव जर्जर हो भले ही,किन्तु उसमे छेद ना हो ।
हो कहीं मतभेद चाहे, पर दिलों का भेद ना हो ।
हो कोई हालात चाहे, पर काम जग में वो करो,
करके जिसको दोस्तों घड़ी भर भी खेद ना हो ।।

17.

सुबह जब आंख खुलती है, तुम्हारी याद आती है ।
पवन साँसों में घुलती है, तुम्हारी याद आती है ।
तुम्हारा इश्क़ सफ़र करता है हर लम्हा शिराओ में,
देह हिलती है - डुलती है, तुम्हारी याद आती है ।

19.

रह-रह के मेरी याद जब आती होगी।
कभी हंसाती तो कभी रुलाती होगी।।
देह बिछती होगी मखमली चादर सी,
और तेरी रूह सलवटें हटाती होगी।।

20.

सारे जग को चाँद दिखा , सबकी हो गयी ईद ।
मैं कैसे त्योहार मनाऊं , हुआ ना उनका दीद ।
पल-पल गिनकर कटते हैं, बैरी जुदाई के लम्हें...
हम भी वस्ल में झूमेंगे , गिरिधर से है उम्मीद ।।

21.

वो एक पल भी , जुदा नहीं होता ।
ठान लो गर तो, क्या नहीं होता ।
मैं तो जग को भुलाए बैठी हूँ ,,

फिर भी वो क्यों, मेरा नहीं होता ।।

22.

हमारी मुहब्बत के सिंहासन का चमकता ताज हो तुम ।
गुज़रे वक़्त का हाल ना पूछो मेरा हंसी आज हो तुम ।
भविष्य में मेरी ज़िंदगी के पल जिस पर झूमेंगे,गाएंगे,,
मेरी ख़ुशनुमा ज़िंदगी का कितना हंसी साज हो तुम ।।

23.

हमको हमसे ज़्यादा मुहब्बत वही करते हैं ।
बात-बात पे इश्क़ में शिकायत वही करते हैं ।
बिन इबादत के भी रब की मेहरबानी है यहां,
मेरे हिस्से की पूजा व इबादत वही करते हैं ।।

24.

ईश्वर के पावन चरणों की धूल हो तुम ।
मुहब्बत के पाक चमन का फूल हो तुम ।
आज ख़ुदा की क़सम उठा के कहता हूं ,,
क़ुबूल हो तुम,क़ुबूल हो तुम,क़ुबूल हो तुम।।

25.

जो चलती हवाओं के साथ यदि बह जाएगा ।
थपेड़े इन हवाओं के अगर जो सह जाएगा ।
फ़रेबी दौर में जो दिखावे की ज़द में फंस गया,
ज़िंदगी की दौड़ में वो बहुत पीछे रह जायेगा ।।
26.

वैसे तो ख़ुदा ने एक जैसे सभी इंसान बनाए हैं ।
सभी के दिलों में उभरते हुए अरमान बनाए हैं ।
अरमान पूरे करने की हिम्मत जिसने भी की ,
बस ! उसी ने इस जहां में कीर्तिमान बनाए हैं ।।

27.

असफल प्रेमी,मुहब्बत के पहरेदार होते हैं ।
ग़रीबी के चेहरे पर, इल्ज़ाम हज़ार होते हैं ।
नाकामयाबी होती है अनाथ,भरी दुनिया में,
और कामयाबी के, सभी रिश्तेदार होते हैं ।।

28.

हर घड़ी तेरी याद आएगी।
तू भी हमको न भूल पाएगी।
हम तेरे पास दौड़े आएंगे,,
दिल से जब भी हमें बुलाएगी।

29.

तेरे कदमों से घर दमक जाए ।
इनका प्रारब्ध भी चमक जाए ।
दोनों तुम संग में जहां भी रहो,,
सारा आलम वहां महक जाए ।।

30.

गुफ़्तगू करने की तुम मुझे मोहलत दे दो !
मेरी पहचान होकर तुम मुझे शोहरत दे दो !
तुम्हारे हिस्से के ग़म भी मुझे तोहफ़े से कम नहीं,
होठों की हंसी वाली मुझे दौलत दे दो!!

31.

मज़हब की दीवारें लांघी ,
रहीमा ने कृष्ण-गान किया।
कैसे नाम भुलाओगे कृष्ण-भक्त नज़ीर व रसखान का ...
रोज़े भी रखे हों जिसने और व्रत का भी सम्मान किया।।

32.

मुहब्बत एक दरिया है....हम उसके दो किनारे हैं !
हो उनका हाथ - हाथों में तो सब दिलकश नज़रें हैं !
ख़फ़ा है वो अगर मुझसे तो कुछ अच्छा नहीं लगता..
जो वो ख़ुश है तो जीवन में बहारें ही बहारें हैं ।।

33.

कुछ रोज से बहुत ही सजने-संवरने लगा है वो।
बिछड़ जाने के ख्याल से बहुत डरने लगा है वो।।
इतनी मैं खुद को अब तक मुहब्बत न कर सका।
जितनी कि मुझ नाचीज़ से प्यार करने लगा है वो।।

34.

बिना तेरे मेरी हर एक मन्नत अधूरी है !
तुम्हारा साथ न हो तो जन्नत अधूरी है !
मिल जाएं अब हम सदा-सदा के लिए..,
इस तरह दूर रहकर तो ये चाहत अधूरी है !!

35.

रजत मोती सम दंतमाला,
नेत्र हैं जैसे कि मधुशाला,
गालों की बनावट क्या कहिए..
अधरों में है रस का प्याला ।।

36.

गुफ़्तगू करने की तुम मुझे मोहलत दे दो !
मेरी पहचान होकर तुम मुझे शोहरत दे दो !!
तुम्हारे हिस्से के ग़म भी मुझे तोहफ़े से कम नहीं,
होठों की हंसी वाली मुझे दौलत दे दो

37.

कोरी-कंचन काया वान नारी हो तुम ,
नित-सुगंधित सम फुलवारी हो तुम ,
आये मलयगिरि बास अंग-अंग से तुम्हारे,
बड़ी ख़ूबसूरत बड़ी ही प्यारी हो तुम !!

38.

तुम ही तो जीवन-पथ की संगिनि हो मेरी।
कुछ दूर सही किन्तु, अर्धांगिनी हो मेरी ।
हर भाव मन का उमड़ता है फ़क़त तुम्हारे लिए,
मन का उल्लास और हृदय तरंगिनी हो मेरी ।।

39.

वैसे तो ख़ुदा ने एक जैसे सभी इंसान बनाए हैं ।
सभी के दिलों में उभरते हुए अरमान बनाए हैं ।
अरमान पूरे करने की हिम्मत जिसने भी की ,
बस ! उसी ने इस जहां में कीर्तिमान बनाए हैं ।।

40.

ख्वाबों का हर मंज़र यथार्थ नहीं होता।
हृदय का लेखन प्रकाशनार्थ नहीं होता।
नजूमी की बातों का यक़ी क्यों करते हो,,
उनका हर अल्फ़ाज़ चरितार्थ नहीं होता।।

41.

सुकर्मों से परिणीता के, संभावित है मेरी वय-वृद्धि ।
नित-नूतन-नेह दिया मुझको, हुई संबंधों में समृद्धि ।
आज भी एक उपवास में, निर्जल है निराहार है वो ।
माता के बाद जग में मेरा, अपना सच्चा प्यार है वो !!

42.

मेरी भटकी हुई ज़िंदगी, मुहब्बत से संभाल दी तूने ।
मेरी डगमगाती कश्ती,जैसे भंवर से निकाल दी तूने ।
हर शय लुटाने की हसरत है मुहब्बत में तुम्हारी,,,
अपने हिस्से की ख़ुशी मेरे दामन में डाल दी तूने ।।

43.

मेरी साँसों में बसते हो,मानो तुम हवा बनकर ।
मेरे हर दर्द में रहते हो, जैसे तुम दवा बनकर ।
तुम्हारे बिन मेरे जीवन की हर मेहनत अधूरी है,,
मेरी हर जीत में शामिल हो तुम दुआ बनकर

44.

आह ! दिल से निकल रही होगी,
बड़ी मुश्किल से वो संभल रही होगी,
बेचैनी सता रही होगी आज भी उसे...,
वो रह-रह के करवटें बदल रही होगी ।।

45.

अपनी ही उमंग का गला घोट बैठा वह कातिल उधर!
इधर हमारे चित् में अब तक उल्लास बहुत है!
बस गए हैं मुझमे वो एक सांस की तरह!
अब हमें खुद अपने अस्तित्व की तलाश बहुत है!!

46.

धड़कता तो है दिल पर धड़कन उदास रहती है!
मेरी बेचैन आंखों को तेरे दर्शन की प्यास रहती है!
यूं तो मौत सिर पर खेल रही है दुनिया में हर तरफ!
इश्क की तलब देखो, तुमसे मिलने की आस रहती है!!

47.

भटकती है नजर, कहीं नजारा नहीं मिलता ।
डूबती नैया को, तिनके का सहारा नहीं मिलता ।
बांधकर जिसमें तुम मेरे मन को, बैठे हो ..,
अब नेह के उस मंत्र का, उतारा नहीं मिलता ।।

48.

बिलकुल अकेले हैं , रुला रहा है कोई ।
चिंतसंचालक बनके , सता रही है कोई ।
इस नाजुक घड़ी में साथ रहना ज़रूरी है,
ऐसे माहौल में भी, दूर जा रहा है कोई ।

49.

धरा के वास्ते व्याकुल अब ये आसमा क्यों है।
जुदाई का धुंआ ये दोनों के दरमियां क्यों है।
मिलेंगे फिर से हम दोनों , भरोसा रख मुहब्बत पर ,
क्षणिक बाधाओं से सजनी इतनी परेशां क्यों है!!

50.

सुगंध-युक्त सौंदर्य की श्रेष्ठ अधिष्ठात्री हो तुम।
प्रकाश-मयी हो चुकी पूर्णिमा की रात्री हो तुम।
मंजिल भी जिसे पाने को आतुर रहे सदा- सदा,
मुकुल-सी, नित-नूतन, प्रियदर्शी यात्री हो तुम।।

51.

जिसकी मुहब्बत भरी नजर से मेरा मन अलंकृत होता है।
जिससे कहकर मेरा शब्द- शब्द , पूर्ण व परिष्कृत होता है।
वो तुम्ही हो जिसके दुःख में मेरी आँखों से बहते हैं अश्क ,
और तुम्हारी हँसी से मेरे दिल का तार -तार झंकृत होता है।।

52.

मैं ख्वाबों- ख्यालों में अक्सर तुम्हारा नाम लेता हूं।
तुम्हें सोचकर अपनी बेचैन सांसों को थाम लेता हूं।
तुम्हारा इश्क भरता हूं, सांसों में जिन्दा रहने के लिए,
इसी के बदले तो तुम्हारा प्यार मैं अविराम लेता हूं।।

53.

मुहब्बत इंसान को फ़ानी दुनिया से अन्जान बना देती है।
भड़क जाए अगर जो ये चिंगारी तो तूफान बना देती है ।
क्या-क्या तब्दीलियां मुमकिन हैं इस मुहब्बत में यारों ,,
ये भले से इंसान को संग और संग को इंसान बना देती है!!

54.

मुहब्बत के वर्क पर हम सलीके से सलाम लिखते हैं।
जहाँ भी हम मिले उसे ऐतिहासिक मुकाम लिखते हैं।।
पाक मुहब्बत की तड़प बढ़ गई इस कदर ए दोस्त,
आँखें बंद करके भी हम दरख्तों पे तेरा नाम लिखते हैं।।

55.

मानव के आचरण की नेक-ओ-बद पहचान है माँ।
फानी जग के हर जन का, हर भाव भरा अरमान है माँ।
जिसके घर में खुश है माँ , वो मंदिर-मस्जिद क्यों जाये, ,
नारी के रूप में धरती पर, एक साक्षात भगवान है माँ।।

56.

मेरा अभिमान है हिन्दी मेरा अरमान है हिंदी।
मैं हिन्दी का प्रहरी हूँ मेरी पहचान है हिंदी।
संचारित है रक्त बनकर हिन्दी मेरी शिराओं में।
मैं इसका मान रखता हूं, मेरी सम्मान है हिन्दी।।

57.

वतन की शान है हिन्दी, वतन की जान है हिन्दी।
जो हिन्दी मां के बेटे हैं, उनकी पहचान है हिन्दी।
प्राणवायु है आत्मा है यही हिन्दी हिन्दोस्तान की,
अधूरा है वतन इस बिन, भारत-विधान है हिन्दी।।

58.

फिजूल शक पे कभी जासूसी मत करना।
अभिनंदन में बड़ों के कभी कंजूसी मत करना।।
बनेगें काम तुम्हारे, तुम्हारी योग्यता के बल पर,
दिखावे के लिए कभी किसी की चापलूसी मत करना।।

59.

बदलना जिंदगी का तराना बहुत जरूरी है।
अपने मुंह-नाक को छुपाना बहुत जरूरी है।
घर के बाहर जाते वक्त भले न हो मुमकिन,
घर में वापस आकर नहाना बहुत जरूरी है।।

60.

हर एक जख्म हँसते हुए सह जायें।
हाल-ए-दिल उसके कैसे हम कह जायें।
मैंने अश्कों को भी आंखों से वहने न दिया,
डर ये था कि उनके ख्वाब न बह जायें।।

61.

पुष्प सूंघा तो वो खुशबू बन गये।
न जाने कब वो जीनें की आरजू बन गये।
मेरे दुःख-दर्द में वो शामिल ऐसे हुए,
खुशी में हंसी और गम में आंसू बन गये ।।

62.

मुझे जो तू न मिला तो मैं जहां का क्या करूं।
होके रुखसत तेरी दुनिया से कहीं और चलू ।
हजारों गम सहे मैंने तुमसे मिलने के लिए,
जो मिल जाओ तो लाखो गम यूं ही और सहूं।।

63.

ये कौन मेरे दिल पे दस्तक देने आया है।
बेहद अजीज है मुझे मगर पराया है।
ऐ खुदा दोनों की हकीकत मालूम है मुझे
फिर क्यों हमे इतने करीब लाया है।।

64.

दिल से उमड़कर नेत्रों में संवाद आते हैं।
सांसो की तरह हमको बही बस याद आते हैं।
चला आता है मिलने हमसे सारा जहां लेकिन,
जिनको हम बुलाते हैं वो सबके बाद आते हैं।।

65.

आ भी जाओ के अब तुम बिन गुजारा नहीं!
तुम बिन तो इस जग में कोई भी हमारा नहीं!
जब से हुई है मुहब्बत कोई दिन नहीं ऐसा!
जिस पल मेरे दिल ने तुम्हारा नाम पुकारा नहीं।।

66.

जीवन के पतझड़ में मोहन मस्त बहार भेजो ना।
मन की व्यथा को दूर करो थोड़ा से प्यार भेजो ना!
पीड़ित चमन निढाल सुमन सूखे दरिया अतृप्त धरा
सबको जीवटता मिले बारिश की फुहार भेजो ना!!

67.

मुहब्बत में डूबकर मुहब्बत का हर अल्फ़ाज़ लिखा है ।
बेरंग, सूना-सूना सा कल, मस्त-रंगीन आज लिखा है ।
तुमसे पहले के जीवन में, फिज़ूल ही एक उम्र कटी,,
जबसे तुम मिले वही दिन,जीवन का आग़ाज़ लिखा है।

68.

खोलकर ज्ञान के चक्षु, हमें शिक्षक जगाते हैं ।
उजाला ज्ञान का देकर, अंधेरा वो मिटाते हैं ।
सफल होता नहीं जीवन बिना आशीष शिक्षक के,
हमारा मार्ग-दर्शन कर, सफलता वो दिलाते हैं।।

69.

भले, माँ-बाप के कारण, जगत में जन्म पाया है ।
खोलकर ज्ञान के चक्षु, मुझे रस्ता दिखाया है ।
मेरे जीवन में शिक्षक के,सुनो उपकार हैं लाखों..,
पढ़ाकर पाठ शिक्षा का, मुझे मानव बनाया है ।।

59. राष्ट्रवादी मुक्तक

1.
मचलकर हर एक लहर साहिल से मिलती है!
दृढ इच्छा भी परिश्रम करके मंजिल से मिलती है,
बहुत गौर से समझो इसके महत्व को यारों !
वतन को ऐसी आजादी बड़ी मुश्किल से मिलती है !!
2.
अनुभव के धरातल पर हर कोई बात बतायेंगे,
घोड़े ही हकीकत में लोहे का स्वाद बतायेंगे!
अहमियत आजादी की भला हम आप क्या जाने,
कितनी मुश्किल से मिलती है ये तो आजाद बतायेंगे!!

60. दोहे

1.

अपना-अपना सब कहें पर अपना ना कोय ।
पर-पीर जो समझ सकें, सो ही अपना होय।।

2.

रहती हूँ इस धाम में, यह मेरा घर नहीं।
अब मैं वापस जा रहीं, मन छोड़ चली यहीं ।।

3.

एक पहर ठहरी सखी, कान्हा जी के ठौर ।
पहुँची कोई और थी, लौटी कोई और ।।
4.

मायके में पहुंचकर होय बहन को हर्ष ।
किन्तु बहुत सुरक्षित भी, रहना है इस वर्ष ।।
5.

जगत सारा झेल रहा, कोरोना की मार ।
घर से राखी बहन की, कर लेना स्वीकार ।।

6.

इस पर्व के अवसर पर, नेह का हो उत्थान ।
बहना से हमको मिले, राखी तिलक मिष्ठान ।।
7.

हर बहन की सुरक्षा का, भाई ले संकल्प ।
जैसी जिसकी क्षमता, कहीं अति कहीं अल्प ।।

8.

झूठ नगाड़ा पीटता, सत्य खड़ा है मौन ।

झूठों के इस शोर था, सत्य सुनेगा कौन ।।
9.
मेरो मन तो बावरा, हर पल रहे उदास ।
भाग्य में जो है नहीं, उस की करता आस ।।

10.
अथक श्रम से ना मिले, लक्ष्य कोई विशेष ।
गाँधी जी से सब मिले, मन को लगती ठोस ।।

11.
वीरता समाई जहां, नाम उसका प्रताप ।
अब तक ऐसा है कहां, धरा करे संताप ।।

12.
घास बिछौना पर रहे, माने कैसे हार ।
चाहे खुद हो वो मरे दुश्मन का संहार ।।
13.
राजस्थान धरा कहे, है हमको अभिमान ।
आन-बान की वीरता, जग में उसकी शान ।।

14.
चेतक और प्रताप तो, दोनों ही बलवान ।
दुश्मन को ललकार कर, पंहुचाते श्मशान ।।
15.
एक दूजे के सुख की दोनों को परवाह ।
बहन भी आतुर बहुत भाई देखे राह ।।

16.
रक्षक हूँ मैं बहन का भाई ले सौगंध ।
रिश्ते को मजबूती दे ये राखी का बंध ।।

17.

भ्रात-बहन के मिलने पर बहुत मुझे है गर्व ।
जीवन में देता खुशी राखी बंधन पर्व ।।

शीत ऋतु के दोहे----

1.

रवि दर्शन को मैं गया, रवि न मिलया आज ।
बदन सताया शीत ने, सुस्त पड़े सब काज ।।

2.

शरद ऋतु है बहुमुखी, सारे आनंद पाय।
वृद्धों को बैरी लगे, मनमीतों को नाय।।

3.

हिय दिलोरे मार रहा, सुन कोयल की कूक।
आन मिलो रूठे सजन, यह अवसर ना चूक।।

4.

खग वृक्ष पवन की धुन पर, बादल गाये राग।
कामदेव के तीर से, तन में लगी आग।।

5.

खेतों में लहराकर साड़ी है तैयार।
मौसम भया उतावला, करने को बौछार।।